MW01001637

Lourdes Miquel / Neus Sans

Lejos de casa

Upper Saddle River
New Jersey 07458

Diseño de la colección y cubierta: Àngel Viola

ISBN: 0130993786
Depósito Legal: M-4812-1995
Printed in Spain by Raro, S.L.
Distributed in North America by Prentice Hall

En esta historia vas a conocer a...

Lola Lago: es la jefa de una agencia de detectives en Madrid. Durante las fiestas de San Isidro quiere irse de vacaciones pero va a tener un caso difícil y peligroso.

Paco y Miguel: son los socios de Lola.

Humberto Salazar: es colombiano y músico. Lo busca la Policía. Dicen que ha atacado a un "cabeza rapada".

Laura: es la novia de Humberto.

María José Sancho: es profesora y colabora con la Asociación de Vecinos del barrio de Peñalbina. Ahora quiere demostrar que Humberto es inocente.

Elías, **Félix** y **Mohamed**: son también de la Asociación de Vecinos. También creen que Humberto es inocente y van a luchar para probarlo.

El "Tigre", **el "Jetas"** y **Andrés**: son tres "cabezas rapadas" del barrio de Peñalbina. El "Tigre" está en el hospital, con un golpe muy fuerte en la cabeza.

Carmela: es una vieja amiga y vecina de Lola. Va a esconder en su casa a Humberto y a alimentarlo muy bien.

Paulino: está enamorado de Lola y trabaja en la Policía Nacional. Le pasa a Lola información muy interesante.

1

Todo empezó el miércoles 12 de mayo. Tres días antes de San Isidro, la Fiesta Mayor (1) de Madrid. Una fiesta que dura una semana y media, más o menos, con baile y espectáculos todas las noches. Miles de madrileños están por la calle hasta muy tarde. Y hay gente y ruido por todas partes pero especialmente en el centro. Y yo vivo en el centro. Además, a mí, las fiestas populares no me gustan. Por eso, ese año había decidido irme unos días de vacaciones. Ese miércoles 12 de mayo, estaba a punto de irme. Pensaba pasar toda la semana en Menorca. En mayo es una buena época: pocos turistas y, seguramente, bastante buen tiempo. Quería tomar el sol y no hacer nada en absoluto. Sólo descansar. Descansar y leer un par de buenas novelas. Pero no pudo ser. En la agencia de detectives no tenemos mucho trabajo normalmente. Pero, siempre que quiero irme de vacaciones, las cosas se complican. Ese miércoles 12 de mayo, un día antes de irme a Menorca, sonó el teléfono.

2

Oí que Margarita, la secretaria, cogía el teléfono. Nuestra oficina es tan pequeña que se oye todo.

–Sí, sí, un momento, por favor. Le paso.

"¡Qué raro! No era Tony, el novio de Margarita", pensé yo. La llama todos los días, tres o cuatro veces.

—Lola, una llamada para ti —dijo Margarita—. Una tal María José Pancho... O algo así.

—¿Lola? —era una voz de mujer.

—Sí, dígame.

—Mira, no sé si te acuerdas de mí... Me llamo María José Sancho. Nos conocimos en una cena, en casa de Alberto Sanjuán...

—Ah..., sí..., sí. Creo que sí... —dije.

Pero no era verdad: no recordaba a ninguna María José Sancho. Tengo bastante mala memoria para los nombres.

—Tenemos un problema y quería hablar contigo.

—¿Es urgente?

—Sí, muy, muy urgente.

"Adiós a mis vacaciones en Menorca: seguro que era un nuevo caso para la agencia".

—¿Quieres venir a verme hoy mismo? —pregunté sin muchas ganas.

—Sí, ahora mismo, si puede ser.

—De acuerdo. ¿Tienes la dirección?

—Sí, Alberto me la ha dado: Alcalá, 38, ¿no?

—Exacto.

—No estoy muy lejos. Llego en unos veinte minutos.

—De acuerdo, hasta ahora.

Parecía realmente muy urgente, más urgente que mis ganas de salir de Madrid y de tomar el sol.

3

María José Sancho era una mujer de unos cuarenta y pico años (2). Alta, con el pelo gris, y mucha personalidad. Entonces la reconocí.

Entró en mi oficina, con una expresión preocupada, y me dijo.

–Mira, voy a ir directa al grano (3).

–Adelante.

"Me gusta la gente que va directa al grano", pensé yo.

Y empezó a explicármelo todo.

–Colaboro con la Asociación de Vecinos de Peñalbina (4). Es un barrio obrero, ¿sabes? Cerca del Parque de San Isidro (5). En la Asociación tenemos una sección de ayuda a los trabajadores extranjeros. Ahora hay muchos inmigrantes: africanos, sudamericanos, polacos... Tienen muchos problemas, como puedes imaginar: problemas de vivienda, de trabajo... Algunos voluntarios dan clases de español, les ayudamos con la burocracia, y todo eso. Uno de los chicos extranjeros, ahora... Bueno, resumiendo, lo busca la policía. Y nosotros queremos ayudarle. Estamos completamente seguros de que no ha hecho nada. Por eso necesitamos un detective privado.

–¿Qué ha pasado exactamente?

–Humberto Salazar, se llama el chico. Es colombiano. El domingo Humberto fue a ver un partido de fútbol. Allí, en nuestro barrio. A la salida tuvo una discusión con unos "cabezas rapadas" (6), del barrio también. Todo el mundo los conoce. Son muy violentos. La verdad es que no sé cómo empezó todo. Sólo sé que discutieron, se insultaron... Lo típico.

–¿Y por eso lo busca la policía? –pregunté yo.

–No, no, qué va. Es mucho más grave. Al día siguiente, en el Parque de San Isidro encontraron inconsciente a uno de los "cabezas rapadas", un tal Antonio Sánchez. El "Tigre", le llaman. Es el líder. Ahora está en el hospital, en el "12 de Octubre"(7).

–¿Está grave? –pregunté yo.

–Gravísimo. Está en coma. Le dieron un golpe en la cabeza.

Sus amigos dicen que fue Humberto. Y Humberto está muerto de miedo, supongo. Y por eso se ha ido.

–¿Y no sabéis dónde está?

–No, ni idea. Se ha escondido. Ha desaparecido. Humberto es un chico muy tranquilo, muy buena persona. Él no ha sido. Nosotros estamos seguros. Es incapaz de matar una mosca (8).

–Buf... Qué complicado... –murmuré yo–. ¿Y la Policía qué dice?

–Ya sabes cómo son... No les gustan los extranjeros. Además, ahora, con los colombianos son especialmente duros (9).

Miré a María José y le pregunté:

–Eres profesora, ¿verdad?

–Sí, ¿se nota mucho? –contestó ella sonriendo.

–Un poquito.

–Es que tú eres detective –bromeó ella.

10

4

María José y yo comimos un bocadillo en el bar de la esquina y seguimos hablando un poco. Hablamos de los problemas del barrio, del racismo, de su trabajo... Luego, fuimos a la Asociación de Vecinos. Allí conocí a Elías, a Félix y a Mohamed.

Elías tenía casi setenta años, era gordo, tranquilo, y hablaba muy despacio. Era un viejo republicano (10) que, después de la guerra, vivió unos años en Francia. Él mismo, cuando era joven, fue emigrante, como muchos españoles. Elías era muy amigo de Humberto, el chico colombiano.

–Me gusta trabajar con extranjeros, con inmigrantes. Sé lo que es vivir lejos de casa, estar solo por ahí –me explicó.

También conocí allí a Félix, el profesor de español. Era estudiante de Filología, en la Universidad, pero no sabía muy bien cómo dar las clases de lengua.

–Es muy difícil... ¿sabes? Te preguntan cosas sobre las que no has pensado nunca. Por ejemplo, ¿por qué se dice "estoy contento" y no "soy contento"? A ver... ¿por qué? Pero es muy interesante... Me gusta –me contó Félix.

Pensé que yo tampoco sabía por qué se dice "estoy contento" y no "soy contento".

Mohamed era uno de los extranjeros de la Asociación. Nos miraba concentrado para poder seguir nuestra conversación.

–El español... muy difícil –dijo Mohamed–. Pero

Félix... muy buen profesor (11).

Félix sonrió contento.

Los tres, Elías, Félix y Mohamed, conocían bien a Humberto. Estaban, como María José, muy preocupados.

−¿Y vosotros dónde creéis que está ahora?

−No lo sabemos. Hemos preguntado a todos sus amigos, a los otros colombianos que vienen por aquí... −explicó Elías−. Nadie sabe nada, nadie lo ha visto.

−Laura sabe algo, creo −dijo Mohamed.

−¿Laura? −pregunté yo−. ¿Quién es Laura?

−Es una chica del barrio, española− explicó Félix−. Últimamente salían juntos. A mí no me ha querido decir nada. Pero quizá a ti, Lola...

−¿Dónde puedo encontrarla? −pregunté yo.

−A estas horas, normalmente, va a tomar algo a "Mateo's", un "pub" que está aquí al lado −comentó Elías.

−Uy, me voy. Tengo clase con los polacos (12)... −dijo Félix−. Y les tengo que explicar el pretérito indefinido.

−¿Y eso qué es? −preguntó Elías.

−"Anduve, anduviste, anduvo...", del verbo "andar", por ejemplo.

−¿Y para qué sirve?

−Eso es lo que tengo que explicar: para qué sirve.

−¡Qué raro! "Anduve, anduviste...". Yo nunca digo eso... (13) −dijo Elías.

Yo salí: quería tomar algo en "Mateo's" y encontrar a Laura.

5

Un camarero me dijo quién era Laura. Estaba allí, sentada sola en la barra del bar. Era un chica de unos dieciocho años, morena, bajita, con unos ojos muy grandes. Llevaba una cazadora de cuero, unos pantalones vaqueros y los labios pintados de rojo. Parecía muy tímida.

Me acerqué a ella y le dije:

–Mira, tengo esto para Humberto –y le di una nota que acababa de escribir.

Laura me miró con miedo.

–No..., no soy de la Policía. Tranquila. Sólo quiero ayudarlo –le expliqué.

Ella guardó la nota. O sea, que sí sabía dónde estaba Humberto.

La nota decía:

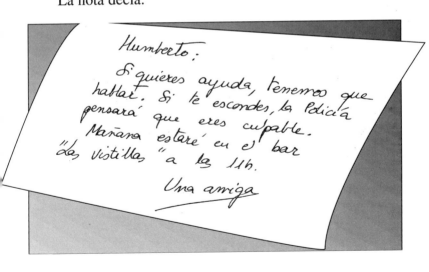

Humberto:

Si quieres ayuda, tenemos que hablar. Si te escondes, la Policía pensará que eres culpable. Mañana estaré en el bar "Las Vistillas" a las 11h.

Una amiga

Laura me sonrió con tristeza. Lo estaba pasando mal. Me explicó que sus padres no querían saber nada de Humberto.

–No quieren que yo salga con un extranjero –me dijo–. Y ahora con este lío... Ayúdalo, por favor. Si lo detiene la Policía...

–Tranquila. Todo se solucionará.

6

Eran ya las siete de la tarde. Estaba muy cansada y me fui a casa. Fue difícil llegar a la Plaza de la Paja, donde yo vivo. Había mucha gente. Por suerte, yo iba en moto. Muchos madrileños llevaban trajes típicos (14). Algunos "chulapos" y "chulapas" iban paseando hacia las Vistillas (15). Las terrazas de los bares estaban llenísimas y se oía música: había un concurso de chotis (16).

Hacía una noche muy agradable pero yo estaba demasiado cansada para salir por ahí.

En el portal de mi casa encontré a Carmela, mi vecina y amiga. Llevaba un mantón de Manila precioso, negro, con pájaros y flores de todos los colores.

–¡Qué guapa estás Carmela! ¿De dónde has sacado ese mantón? Es maravilloso...

–Me lo regaló un admirador. Hace ya muchos años...

Carmela, de joven, trabajó en el teatro. Ahora tiene unos sesenta años. Es una muy buena amiga mía y... una gran cocinera. Cuando me siento muy cansada o muy sola, voy a casa de Carmela.

SAN ISIDRO

del 7 al 16 de Mayo

ROMERIA DE LA ERMITA DE SAN ISIDRO
PARQUE DE SAN ISIDRO

Sábado 8 de Mayo	20,00 h.	Orquesta EME-30
	21,30 h.	Big Band Versalles
Domingo 9 de Mayo	20,00 h.	Orquesta Banda Sur
	21,30 h.	Orquesta Los Sirios
Jueves 13 de Mayo	20,00 h.	Orquesta Costa Azul
	21,30 h.	PACO VALLECANO
Viernes 14 de Mayo	20,00 h.	Compañía Lírica Villa de Madrid
Sábado 15 de Mayo	20,00 h.	Big Band Brass
	21,30 h.	EVA Y SU MADRID
Domingo 16 de Mayo	20,00 h.	Rosa María y su orquesta Godino y Orquesta
	24,00 h.	Fuegos artificiales
ERMITA DEL SANTO		
Sábado 15 de Mayo	13.00 h.	OBSEQUIO DEL AYUNTAMIENTO DE PUENTEAREAS AL PUEBLO DE MADRID, A TRAVES DE SU ALCALDE

–¿Ibas a salir? –le pregunté yo.

–Sí, pero no importa. Iba a dar una vuelta. ¿Has cenado? ¿Te apetece un poquito de cocido madrileño (17)? Pareces cansada...

–Mmmmmmmm... ¡Cocido! –no pude decir nada más.

Entré en casa de Carmela y me comí, casi sin decir nada, dos platos de cocido. Luego le expliqué el caso de Humberto y por qué no estaba yo en Menorca.

–Y ahora, para animarnos un poco, nos vamos a bailar un rato a Las Vistillas. ¿Qué te parece? –dijo al final Carmela.

–Uy, Carmela... Es que estoy muerta... (18), ¿sabes?

Pero no pude decir que no: Carmela y yo nos fuimos de Fiesta Mayor.

7

El jueves, muy temprano, llamé a mis socios. Teníamos una reunión, en la oficina, a las nueve. Ellos llegan muchas veces tarde.

Allí me esperaban algunas sorpresas. La primera sorpresa fue Paco. Paco es uno de mis socios. Es gordito, un poco calvo pero es un verdadero "Don Juan".

Aquel día entró en la oficina vestido de "chulo" madrileño.

–Dios mío... ¿Pero a dónde vas así...? –le pregunté yo muerta de risa.

–Es una larga historia –dijo él.

–¿Cómo se llama "ella"...? –pregunté yo.

Y es que en las "historias" de Paco, siempre hay una mujer.

—Elisenda.

—¿Y de dónde es Elisenda?

La especialidad de Paco son las extranjeras.

—Venezolana. Elisenda quiere participar en un concurso de "chulos" y "chulapas". Es hoy, a las doce, en la Plaza Mayor. Elisenda tiene mucha personalidad, ¿sabes?

—Sí, me imagino. Estás "monísimo"... (19) Pero el pantalón te queda un poco pequeño, ¿no? —dije intentando no reírme.

—Lo he alquilado y no había mi talla.

—Lo que hay que hacer por amor... —dije yo.

—Oye, pues no estoy tan mal...

Paco no tiene ningún complejo. Es un hombre feliz.

Miguel, mi otro socio, es completamente diferente. Es alto, atractivo, pero muy tímido. Y lo pasa muy mal con las chicas.

Ese día llegó a la oficina preocupado.

—Y a ti, Miguel, ¿qué te pasa? —le pregunté yo.

—Pues que tengo que pasear a Gabriela, llevarla a las fiestas y todo eso.

—¿Gabriela?

—Sí, un prima mía lejana, que no conozco de nada. Llega hoy de Buenos Aires (20). La tengo que ir a buscar ahora al aeropuerto. Y es que me encuentro fatal... Uuuuy, mi cabeza...

–Pues tómate una tila (21), venga...

Miguel cada vez que sale con una chica nueva, se pone nerviosísimo y dice que está enfermo.

"¡Qué socios!", pensé.

–Bueno, ahora, todo el mundo a mi despacho. Reunión general. Tenemos un caso.

–Pero, nena (22), si es San Isidro..., Fiesta Mayor... –empezó Paco.

–Tenemos un caso –corté yo–. Y no me llames "nena".

Les expliqué rápidamente lo que pasaba. E hicimos un plan. Por la noche todos iríamos a la Pradera de San Isidro (23), con Elías y los demás, e intentaríamos acercarnos a gente de Peñalbina. La Asociación de Vecinos tenía un puesto de bebidas y bocadillos en la Pradera.

–Y ahora me voy a mi cita. A lo mejor viene Humberto –dije yo.

Y así fue: Humberto vino.

8

A las once estaba yo en el bar "Las Vistillas". "¿Vendría Humberto a nuestra cita?", me preguntaba.

Cuando entró le reconocí inmediatamente. Tenía el pelo largo, muy negro, y esa mirada profunda de los andinos... "Un hombre atractivo", pensé. Me acerqué a él y le dije:

–¡Qué bien que has venido!

–¿Quién es usted? ¿Por qué me busca?

– Me llamo Lola Lago. Soy detective privado y me han contratado para ayudarte.

–Elías, María José y...

–Exactamente.

–Son muy buena gente.

–Sí, te quieren mucho y están muy preocupados. Y ahora, cuéntame. Y, por favor, tutéame...(24)

Humberto tenía mucho miedo. No quería hablar con la Policía.

–No tengo "permiso de residencia" (25). Me van a mandar a Colombia. Y allí va a ser peor...

Se iba relajando y acabamos hablando como viejos amigos. Necesitaba hablar.

–¿Peor que en España?

–Sí, y eso que aquí no es fácil. Mi familia tuvo problemas, allí en Colombia, con el Cártel de Medellín (26).

–¿Con la mafia de la droga?

–Sí. Somos de Medellín. Mi familia no quiso trabajar para ellos. Mataron a mi hermano mayor. Yo no puedo volver a Colombia, ¿comprendes? Y si me coge la policía española...

–¿Trabajas?

–Algo. Está difícil... Toco música latinoamericana en un local, en la calle Baños Viejos. En "El Candil".

–Lo conozco, yo vivo al lado.

–A mí me gustaría estudiar. Estudiar música, en el Conservatorio. Pero todo es muy difícil para un extranjero con poca plata (27).

Los dos nos quedamos un momento callados. Luego él dijo:

–Al principio uno piensa que en España va a ser más fácil... Hablamos el mismo idioma y todo eso, pero...

–Sí, no nos parecemos tanto como creemos –dije yo.

–También tengo miedo de los amigos del "Tigre"–dijo al cabo de un rato Humberto.

–De los "cabezas rapadas"...

–Sí. Buscan un culpable. Y ya sabes cómo son con los extranjeros... Y ellos, no sé por qué, piensan que fui yo. Tengo que esconderme.

En aquel momento, tuve una idea genial: Carmela.

–Tengo una idea: vas a pasar unos días con una amiga mía –le dije.

–Si tú lo dices...

Humberto ya confiaba en mí.

9

Llegamos a casa de Carmela y le pregunté directamente:

–Carmela, ¿puede quedarse unos días en tu casa este amigo?

Ella estuvo inmediatamente de acuerdo. Luego le contamos la historia de Humberto.

–Ah, pero si yo he leído algo de eso en el periódico...

Cogió el periódico que estaba sobre la mesa y leyó:

SUCESOS

"Cabeza rapada" agredido por un colombiano.

La Policía busca al presunto sospechoso llamado Humberto Salazar.

ROSSEND DOMENECH
Corresponsal. *Roma*

La segunda jornada del último congreso del Movimiento Social Italiano (MSI), heredero del Partido Fascista (FFI), que con Silvio Berlusconi accedió por primera vez al Gobierno en mayo del pasado año, estuvo dominada por el ala más extremista, que reivindicó la supervivencia del pasado en el nuevo partido, de tipo conservador y moderno, que nacerá hoy con el nombre de Alianza Nacional (AN). El congreso del MSI debía concluir ayer pero no

Un grupo formado por 11 diputados de la federalista Liga Norte anunció ayer la creación de un nuevo movimiento, al día siguiente de

Un grupo formado por 11 diputados de la federalista Liga Norte anunció ayer la creación de un nuevo movimiento, al día siguiente de haber abandonado la formación que encabeza Umberto Bossi. La Liga Federalista Italiana pretende

padres de los italianos, creo que debe existir también Benito Mussolini, quien no puede ser borrado de la historia".

Teodoro Buontempo, uno de los protagonistas del ala extrema del partido, personaje tan folclórico como peligroso, según sus adversarios, elevó su voz en la sala de los congresos de un hotel de la localidad termal de Fiuggi: **"Fini, salva el Movimiento Social Italiano".** Buontempo rogó al líder actual del MSI que no **"haga todo lo posible para no dispersar el gran patrimonio humano del partido, haciendo lo posible por conjugar la AN**

Localizada la joven desaparecida el pasado lunes

Fez.- El fiscal del Tribunal de Apelación de Fez pidió ayer la pena de muerte para dos acusados de perpetrar el ataque contra el hotel Atlas-Asni de Marraquech, en el que murieron dos turistas españoles, y para otras cuatro personas acusadas de cometer varios atentados armados. Para los otros 12 acusados de complicidad, el fiscal pidió la condena de prisión a perpetuidad.- Efe

Desaparece importante documentación en la sede de un partido político

Davos.- El secretario general de la ONU, Butros Butros-Gali, se favorable a la ampliación del Consejo de Seguridad con

–Estarás mejor aquí conmigo, hijo –dijo Carmela.

Así que dejé a Humberto instalado en casa de mi vecina. Ella estaba encantada.

–Lo cuidaré como a un hijo. Aquí estará seguro –me dijo cuando me marchaba.

Humberto parecía más tranquilo.

10

Lo primero que yo necesitaba era tener más información. Me acordé de Paulino Quijano. ¡Pobre Paulino! Era un viejo amigo mío. Trabajaba en la Policía, en el Departamento de Información. Estaba locamente enamorado de mí, desde hacía años. Yo nunca le hice mucho caso. Pero él, siempre que yo le necesitaba, me ayudaba. Así que decidí llamarle.

–Paulino. Necesito saber algunas cosas.

–Claro, como siempre. Nunca me llamas para salir...

–Bueno, si quieres, un día de éstos (28)...

–No seas hipócrita. ¿Qué quieres saber? Venga, cuéntame.

–Qué sabéis vosotros de una agresión a un "skin", a un "cabeza rapada". Un tal "Tigre". Y qué sabéis, en general, de los "cabezas rapadas" de Peñalbina. Ya sabes, el barrio que está cerca del Parque de San Isidro.

–Dame un par de horas. ¿Me llamas a las cuatro?

–Gracias, Paulino, eres un cielo (29).

–Por ti hago yo lo que sea. Atracar un banco, por ejemplo...

–Paulino, que eres policía...

Paulino tiene mucho sentido del humor.

11

A las cuatro, desde la Asociación de Vecinos de Peñalbina, llamé a Paulino.

–He encontrado un par de cosas interesantes. Toma nota –me dijo él–. Primero: lleva el caso el Inspector Rupérez...

–¡No me digas...!

–¿No te gusta?

–Me cae fatal. Es un machista. Y seguramente, racista... Un viejo "facha" (30), vaya.

–Sí, me parece que sí. Otra cosa: por aquí piensan que el "Tigre" y un amigo robaron el otro día en una tienda de discos, en la Calle Mayor (31). Se llevaron 350.000 pesetas y una buena colección de discos: "Heavy Metal".

–Muy interesante, realmente interesante... –dije yo.

–En el hospital han dicho que el "Tigre" llegó muy borracho.

–Ya...

–¿Cenamos juntos esta noche? –me preguntó Paulino.

–Es que...

–Sí, ya sé. Eres mi "amor imposible"...

–No exageres. Soy un desastre: no sé cocinar. Un día de éstos te llamo y tomamos unas copas, ¿vale? (32)

Después de la llamada, me quedé un rato hablando con Elías y con Mohamed. No había nada nuevo y decidí irme un rato a casa.

12

Por la noche todos pensábamos ir a La Pradera de San Isidro. Yo quería acercarme a los "cabezas rapadas" y tuve una idea genial. Busqué una vieja chaqueta militar de mi padre. También encontré unas botas y una bufanda del Real Madrid (33) de mi abuelo. Con unos vaqueros con tirantes y un buen peinado, sería la "skin" más guapa de la Fiesta Mayor.

Antes de salir, fui a casa de mi amiga Carmela.

–Dios mío, Lola... ¿A dónde vas así? ¿Te has vuelto loca?

–Carmela, estoy trabajando.

–Es que este trabajo tuyo... No sé, no sé...

–¿Y Humberto?

–Muy bien. Hoy se ha comido dos platos de callos a la madrileña (34).

–¿Y ha sobrevivido?

–Je, je... Hala, adiós, y ve con cuidado. Yo voy a preparar la cena: unas judías con chorizo (35). Este chico tiene que comer.

–Carmela, por favor, no abráis a nadie. Creo que Humberto está en peligro.

–Confía en mí. Después de la guerra, trabajé para el Servicio de Inteligencia Británico.

Conociendo a Carmela, puede ser verdad.

13

Hacia las once de la noche, nos encontramos todos, en el puesto de la Asociación de Vecinos de Peñalbina, en la Pradera de San Isidro. Allí estaban Paco, mi socio, y Elisenda, su amiga, vestidos de chulos. También fueron Miguel, mi otro socio, y su prima argentina. Guapísima, por cierto. ¡Menudos colegas! Venían a trabajar con las chicas. También estaban los de la Asociación: Elías, María José, Félix, Mohamed... y algunos otros españoles y extranjeros. Mi disfraz funcionaba muy bien: al principio, nadie me reconoció y tuve que presentarme.

–Eh, hola, soy Lola.

Luego, Elías y yo dimos una vuelta por la Pradera.

–Míralos, ahí están –dijo Elías, y me señaló a los amigos del "Tigre". Era un grupo de unos diez "cabezas rapadas", con el aspecto clásico: pelo muy corto o rapado, vaqueros remangados, tirantes, ropa militar, grandes botas, símbolos fascistas... Una pinta muy peligrosa. De pronto, llegó uno en una moto, una moto grande.

–¡Anda!, ¡qué moto tiene el "Jetas"! –dijo Elías.

–¿Quién es?

–El "Jetas", el mejor amigo del "Tigre".

–Nos vemos luego –le dije yo. Y me acerqué a donde estaban los "cabezas rapadas".

No sé cómo, pero conseguí hablar con uno de ellos, un tal Andrés. Parecía muy tímido pero con las "litronas" (36) de cerveza empezó a hablar. Era un personaje curioso: cara de niño, lleno de granos, y pinta de neonazi.

14

Hacia las dos (37) de la madrugada, conseguí alejarme, con Andrés, de los demás "cabezas rapadas". Todos habían bebido mucha cerveza.

–¿Tú conoces al "Tigre"? –le dije yo.

–Sí, claro. Todo el mundo conoce al "Tigre".

Me di cuenta de que Andrés se ponía nervioso al hablar del "Tigre".

–Ese "sudaca" (38)... –le provoqué yo–. Si lo cogéis vosotros...

Andrés se quedó callado. Y eso me pareció extraño. No reaccionó como yo esperaba.

–¿Nos tomamos otra cerveza, "colega" (39)? –le propuse. Mi intuición me decía que Andrés sabía algo. Y mi intuición no me engaña casi nunca. Tenía que emborracharle aún más. Con mucha cerveza, a lo mejor me lo explicaba.

Nos sentamos en un banco a tomar otra "litrona". Eran las tres y la mayoría de la gente empezaba a marcharse.

En ese momento, por la calle que rodea el Parque, pasó el "Jetas" con su nueva moto.

–Cerdo asqueroso... Asesino... –oí que murmuraba Andrés.

Me quedé paralizada. Sólo pude decir:

–¿Cómo? ¿Quéeee?

–Ese cerdo... A ti te lo puedo decir... Se nota que eres "legal" (40). Pero es un secreto...

Y entonces me lo explicó todo. Todo el mundo confiaba en mí últimamente: Andrés había visto al "Tigre" y a su amigo el "Jetas" el lunes por la noche, muy tarde. Estaban los dos solos y muy borrachos. Empezaron a discutir y el "Jetas" le dio un empujón al "Tigre". Éste se cayó de espaldas y se quedó en el suelo. El "Jetas" le dio una patada, le quitó algo de la chaqueta y salió corriendo.

–No sé si el "Jetas" me vio o no –me explicó asustado.

Ahora Andrés no sabía qué hacer. Tenía miedo del "Jetas". Yo me quedé callada y, luego, dije:

–¿Por qué eres "cabeza rapada", Andrés?

–Porque me gusta.

–¿Seguro? –dije yo.

Andrés no me contestó. Se había dormido. Estaba K.O.

15

El viernes me fui al hospital, al "12 de Octubre". El "Tigre" ya no estaba en la UVI (41) y no fue difícil encontrar su habitación: había un Policía Nacional (42) en la puerta. Le expliqué llorando que yo era la hermana del "Tigre". Le di pena y me dejó entrar. A veces pienso que debería ser actriz y no detective.

El "Tigre" estaba completamente inmóvil. Era un tipo alto, fuerte y bastante feo. En su cara no había ninguna expresión, pero... ¡tenía los ojos abiertos! A lo mejor podía comunicarme con él... Me acerqué a la cama.

–Hola, "Tigre".

El "Tigre" no reaccionó. Yo, muy lentamente, le expliqué:

–No sé si me oyes, pero... Mira, quiero saber qué ha pasado, quién te ha hecho esto. Te voy a preguntar algo. Si quieres contestar "sí", cierra los ojos una vez. ¿De acuerdo?

Y el "Tigre" cerró los ojos lentamente.

¡Me entendía!

Intenté calmarme y seguir.

–¿Ha sido el "Jetas"? –le pregunté.

El "Tigre" volvió a cerrar los ojos.

–Gracias –le dije yo. Y salí de la habitación.

En el pasillo encontré a un viejo conocido: el Inspector Rupérez.

–¡Hombre...! (43) Si es Doña Lola Lago... (44) ¿Qué hace usted por aquí? No estará metiendo las narices (45) en temas de la Policía, ¿verdad?

–No, yo no, qué va..., en absoluto. He venido a ver a un familiar... A un primo... Le han operado de apendicitis, ¿sabe?

–Ah..., comprendo –dijo él sin creer una palabra–. ¿Y qué hacía usted en la habitación del "Tigre"? ¿De visita?

Me había visto salir.

–No, nada, me he equivocado de habitación –dije yo.

Pero Rupérez no me creía.

–Pues no se equivoque, señorita... –me dijo él con ironía–. Éste es un asunto de la Policía. Y además, todo está muy claro. No necesitamos a ningún detective privado.

–Ah, ¿sí? ¿Está todo claro?

–Más claro que el agua (46), señorita: ese sudamericano lo hizo, y ya está.

Lógico: el Inspector Rupérez estaba muy contento con el caso. No le gustaban ni las mujeres detectives ni los extranjeros. Pobre Humberto... Yo tenía que encontrar pruebas contra el "Jetas". Urgentemente.

16

Desde el hospital me fui a casa de Carmela.

Allí estaban los dos, Carmela y Humberto.

–¿Qué tal estáis?

–Pues muy bien. Como Humberto no puede salir a la calle y se aburre, he sacado mi vieja guitarra del armario.

¡Y qué bien canta este chico...! Canta como un ángel. Y sabe las canciones de mi época: boleros y todo eso (47). "Pasarán más de mil años, muchos maaaaaaaaás..." (48), cantó Carmela.

Humberto sonrió tímidamente y me preguntó:

–¿Algo nuevo?

–Sí, muchas cosas nuevas: sé quién lo hizo –le dije yo.

–¿De veras?

–Si es que mi Lola... Es un genio. Es mejor que el Colombo ese de la tele... (49) –dijo Carmela, siempre tan "objetiva" conmigo. Es peor que una madre.

–Pero todavía no está todo solucionado –expliqué yo–. Tengo que buscar pruebas, testigos...

Luego llamé a María José y le conté un poco la historia.

–¿Y qué vamos a hacer ahora? –me preguntó ella.

–Tranquilos. Un poco de paciencia. Que yo y mis socios seguimos trabajando. ¿Qué tal por ahí?

–Mal. Esta noche alguien ha atacado nuestro local. Está todo lleno de pintadas racistas. "Fuera extranjeros" y todo eso. Los amiguitos del "Tigre", suponemos.

–¡Dios...! Andad con cuidado.

–Y tú también, Lola.

–Yo estoy acostumbrada.

17

Los "cabezas rapadas" de Peñalbina iban todas las noches a un bar llamado "Kadenas". Andrés me lo había dicho. Y yo decidí actuar.

No les dije nada a Paco y a Miguel. Prefería actuar sola.

Fui a casa a prepararme: me puse una peluca rubia, estilo Marylin Monroe, los labios muy rojos y un vestido negro muy "sexy".

Esperé al "Jetas" frente al bar. A las once salió y yo empecé a seguirle. Mi plan era hablar con él y hacerle hablar. Un plan bastante estúpido, por cierto: el "Jetas" no es de los que arreglan las cosas hablando.

Anduvimos unos doscientos metros. Él delante y yo detrás. Luego, entramos en una calle oscura y desierta. No había absolutamente nadie. Sólo se oían nuestros pasos. Confieso que tuve un poco de miedo. Yo no soy Colombo.

De pronto, el "Jetas" se dio la vuelta. Y de su chaqueta de cuero salió un cuchillo.

Me miró con ojos de loco y me dijo:

–¿Qué quieres? ¿Por qué me sigues?

–¿Quién? ¿Yo? –casi no tenía voz–. Yo no te sigo... –pude decir por fin.

–Te conozco. Te he visto por ahí, con los "rojos" (50) esos de la Asociación.

Luego, sólo recuerdo que me puso el cuchillo en el cuello.

–Sí, fui yo... ¿Qué pasa? El "Tigre" es un "mierda"... Pero déjame tranquilo o te "rajo" (51)... No sería la primera vez –me dijo.

Pero no tuvo tiempo de decir más.

De detrás de un contenedor de basura salió Paco, mi socio. De la esquina, Miguel. Félix, Mohamed y María José, los de la Asociación, salieron de detrás de un quiosco. De la entrada de una casa, al final, salió Elías. Entre todos cogieron al "Jetas".

–¿Crees que íbamos a dejarte sola, "nena"? –dijo Paco.

–Llama a Rupérez, por favor –tuve tiempo de decirle yo. Luego me desmayé y me caí al suelo. Efectivamente, no soy Colombo. Él no se desmaya después de detener al culpable.

18

El sábado nos reunimos todos en la agencia de detectives. La noticia ya estaba en la prensa:

ACTUALIDAD

La policía detiene a un "cabeza rapada" como presunto culpable de la agresión a un compañero suyo.

La detective Lola Lago y sus socios consiguen demostrar la inocencia de Humberto Salazar, ciudadano colombiano que

–Mira, también dicen que el "Tigre" ha recuperado el conocimiento. Ha hablado con la Policía y ha confirmado mi teoría –expliqué con el periódico en la mano.

–¿Y el "Jetas" sigue detenido?

–Sí, claro. Y ha confesado –expliqué yo.

–Bueeeeno... Pues ahora sí que podemos ir a la Fiesta Mayor. ¿Nos vemos esta noche en La Pradera? –propuso Paco.

–Claro, hay que celebrarlo con la gente de Peñalbina –dijo Miguel.

19

El sábado por la noche fuimos todos de Fiesta Mayor: los de la agencia, con Carmela, y los de la Asociación. A Elías le presenté a Carmela. Los dos se gustaron mucho y estuvieron bailando boleros toda la noche. Desde ese día a veces salen juntos. Creo que están medio enamorados.

Humberto y Laura, su amiga, estaban más felices que nunca. Incluso los padres de Laura se tomaron unas cervezas con su hija y con Humberto.

Félix estuvo toda la noche explicándole gramática y fonética a Mohamed:

–Callos a la madrileña, ca–llos –explicaba Félix.

–Calios (52) –repetía Mohamed.

–¡No, no! Ca-llos. Con elle. Mira... la lengua se pone así... Llllllll... Elle.

Yo me tomé un par de cervezas con María José, que

me explicó muchas cosas interesantes del barrio y de los trabajadores extranjeros. También hablé un poco con Humberto: me contó cosas sobre Colombia y los problemas del país.

En un momento determinado vi pasar a un chico. Me pareció una cara conocida. Tenía cara de niño, llevaba el pelo muy corto... Pero no llevaba chaqueta de cuero, ni ningún símbolo "facha", ni ninguna cadena... ¿Era Andrés?

NOTAS EXPLICATIVAS

(1) El 15 de mayo es **San Isidro, la Fiesta Mayor de Madrid**. Cada pueblo o ciudad de España tiene una Fiesta Mayor, normalmente el día del santo patrón o la santa patrona. Es la fiesta más importante de cada población y, durante más o menos una semana, hay espectáculos, baile y celebraciones tradicionales.

(2) Para expresar cantidades aproximadas se usa frecuentemente **y pico**. Es muy usual para hablar de edades y precios: treinta y pico (entre treinta y cuarenta), cincuenta y pico (entre cincuenta y sesenta).

(3) **Ir directo/a al grano** significa entrar directamente en el tema que interesa, sin rodeos.

(4) **Peñalbina** es un barrio imaginario. Las Asociaciones de Vecinos han tenido, especialmente en la época de la transición democrática, un papel muy activo. Sirvieron para reivindicar servicios y mejoras urbanísticas así como muchas actividades de carácter social.

(5) **El Parque de San Isidro** es un gran parque madrileño, situado junto al río Manzanares.

(6) Los **cabezas rapadas** o "skins heads" representan en España, en los ochenta y los noventa, como en otros países, una "tribu urbana", con gustos, ideas, costumbres y aspecto muy determinados. Son seguidores fanáticos de determinados equipos de fútbol y suelen tener una conducta violenta y agresiva, especialmente contra los extranjeros.

(7) El **12 de Octubre** es uno de los grandes hospitales de la Seguridad Social en Madrid.

(8) Se dice que alguien es **incapaz de matar una mosca** cuando lo consideramos muy pacífico, o muy buena persona, y que no es capaz de hacer daño a nadie.

(9) En los últimos años, la limitación oficial de entrada de inmigrantes y el problema del intenso tráfico de cocaína entre Colombia y España, ha hecho que la policía española sea especialmente dura con los colombianos.

(10) Cuando en España se habla de un **viejo republicano**, se hace referencia a alguien que luchó contra Franco, en defensa de la República.

(11) Una falta característica de los estudiantes de lengua materna árabe es olvidar los verbos **ser** y **estar**.

(12) A principios de los 90 llegaron a España bastantes inmigrantes de los países del este de Europa. A Madrid, en concreto, llegó un grupo bastante grande de **polacos**.

(13) Muchos españoles sustituyen las formas del pretérito indefinido del verbo **andar**, **anduve / anduviste / anduvo /...**, por las formas consideradas vulgares, **andé / andaste / andó**, conjugando el verbo como si fuera un verbo regular.

(14) Los trajes típicos madrileños son los de **chulo y chulapa** (ver la ilustración de la página 15).

(15) **Las Vistillas** son una zona de jardines en el viejo Madrid donde se celebran numerosas fiestas populares. Por San Isidro siempre hay baile y conciertos. Actualmente se llaman chulos o chulapos y chulapas a aquellas personas que para las fiestas usan los trajes tradicionales.

(16) El **chotis** es el baile típico madrileño. Es un baile que se puso de moda a finales del siglo XIX. Se baila en parejas y el chico va girando alrededor de la chica, que hace como de eje con una movilidad mínima. Es típico oír que se baila sobre una baldosa, refiriéndose a la inmovilidad de la chica.

(17) El **cocido madrileño** es el plato más típico de la cocina madrileña. Se prepara con muchos ingredientes (garbanzos, chorizo, diversos tipos de carne, gallina, jamón, verduras, patatas, etc.). Primero se come el caldo con pasta, y, después, las verduras y las carnes, como plato fuerte.

(18) **Estar muerto** significa, en sentido figurado, "estar muy cansado".

(19) **Mono/a** o **monísimo/a** es una palabra de marcado carácter femenino. Es usada normalmente sólo por mujeres. Aquí Lola la usa irónicamente refiriéndose a Paco.

(20) En diversas épocas (a principios de siglo, durante la Guerra Civil,

en los años cincuenta...) ha habido bastante emigración de españoles a América Latina. Por eso, bastantes familias españolas tienen parientes en los países latinoamericanos.

(21) En España se consume bastante la infusión de **tila**, como calmante de estados nerviosos.

(22) A Lola no le gusta que Paco la llame **nena**. **Nena** es una expresión que significa literalmente **niña** y que a veces se usa, en un registro familiar, aplicada o dirigida a una mujer joven.

(23) En la **Pradera de San Isidro** se han celebrado tradicionalmente muchas fiestas populares madrileñas. Goya, en sus cuadros, refleja ya escenas de dichas fiestas.

(24) En España, entre personas jóvenes o de mediana edad, si no existe una marcada relación de jerarquía, es muy frecuente tutearse.

(25) El **Permiso de Residencia** es el documento oficial que permite que alguien viva en España. Actualmente las autoridades han limitado mucho la entrada y permanencia de extranjeros, y es difícil conseguir tal Permiso.

(26) El **Cártel de Medellín** es una de las organizaciones mafiosas que controlan el tráfico de cocaína en Colombia. Es una organización muy poderosa.

(27) En muchos países latinoamericanos, en un registro coloquial, se llama **plata** al dinero.

(28) **Un día de éstos** es una expresión que se usa mucho para referirse a una fecha futura imprecisa, o cuando no se quiere concretar una fecha.

(29) **Ser un cielo** es una expresión cariñosa que se usa muchas veces, en un registro familiar, para agradecer algo o elogiar a alguien. Es usada principalmente por mujeres.

(30) Un **facha** es, en lenguaje coloquial, un fascista o una persona políticamente muy conservadora. Un **viejo facha** se aplica peyorativamente a personas vinculadas al franquismo.

(31) La **Calle Mayor** es la calle más importante del viejo Madrid. Va desde el Palacio Real hasta la Puerta del Sol. Actualmente es una calle comercial.

(32) **Un día de éstos te llamo y tomamos unas copas** es prácticamente una frase hecha. Sirve para proponer una cita, sin concretarla.

(33) El **Real Madrid** es uno de los equipos de fútbol madrileños. Entre
los jóvenes neofascistas o vinculados a movimientos como los
"cabezas rapadas" hay bastantes seguidores de este club. Los lla-
mados Ultra Sur son uno de los grupos más conocidos por su agre-
sividad.

(34) Los **callos a la madrileña** es uno de los platos más típicos de la
cocina madrileña. Es un guiso que se prepara con trozos de des-
pojos de ternera, chorizo, morcilla, guindilla y pimentón. Suele ser
bastante picante y puede comerse en la mayoría de tascas o restau-
rantes de la ciudad.

(35) Las **judías con chorizo** se consumen en muchas regiones españolas. El chorizo es un embutido que se elabora con pimentón y se
deja secar o se ahuma. Se trata de un plato bastante fuerte.

(36) Las **litronas** son botellas de cerveza de un litro, que los jóvenes
compran en supermercados o bares y consumen normalmente en
la calle.

(37) Las fiestas en España suelen terminar muy tarde. Los jóvenes, además, suelen, actualmente, estar en bares o discotecas hasta la
madrugada.

(38) **Sudaca** es un término despectivo usado por bastantes españoles
para referirse a los **latinoamericanos**.

(39) **Colega** es una expresión muy usada en el argot juvenil, para diri-
girse a un interlocutor sin decir su nombre.

(40) **Ser legal** significa, en el argot juvenil de las clases populares,
ser de confianza, buena persona. Es una expresión que, como
otras, perteneció, en un principio, al argot de los traficantes de
droga.

(41) **UVI** son las siglas con las que suele llamarse a las Unidades de
Vigilancia Intensiva en los hospitales o clínicas.

(42) En España hay varios cuerpos de policía: la Policía Nacional, la
Guardia Civil, las policías de algunas comunidades autónomas
(vasca y catalana) y las policías municipales.

(43) **Hombre** es aquí una expresión de sorpresa que se usa independientemente del sexo del interlocutor.

(44) **Don/doña** son formas de tratamiento que se usan cada vez menos. Las usa la gente más conservadora, como es el caso del Inspector Rupérez. También sigue utilizándose en zonas rurales.

(45) **Meter las narices** en algo significa querer saber cosas de los demás o sobre un asunto ajeno.

(46) **Más claro que el agua** es una expresión que se usa frecuentemente para decir que algo es muy evidente o está muy claro.

(47) En los años cuarenta y cincuenta estuvieron muy de moda, en España, varios géneros musicales nacidos en América Latina. Uno de ellos es el **bolero**. Los boleros son piezas bailables con letras que suelen tratar sobre historias románticas o amores imposibles. Algunos boleros se han hecho internacionalmente famosos, por ejemplo, **Bésame mucho**. En el mundo hispanohablante son verdaderos clásicos, conocidos por gente de todas las edades.

(48) **Pasarán más de mil años, muchos más** es un fragmento de la letra de otro famosísimo bolero, **Sabor a ti**, que prácticamente todo hispanohablante conoce.

(49) **Colombo** es el protagonista de una célebre serie policíaca americana de la televisión. Tuvo bastante éxito en España, como en otros países.

(50) **Rojo** es el término coloquial para referirse a la gente de izquierdas. El término fue muy usado durante la Guerra Civil y la postguerra para denominar a los republicanos o antifranquistas. Utilizado por una persona de extrema derecha adquiere un valor de insulto.

(51) El personaje usa aquí un lenguaje vulgar y marginal: **ser un mierda** y **rajar**. **Ser un mierda** significa no valer nada y **rajar**, en este contexto, herir con arma blanca, con una navaja o un cuchillo.

(52) El sonido representado por la letra **ll**, presenta dificultades para algunos estudiantes extranjeros. Se trata de un sonido que se pronuncia apoyando la lengua en el paladar y dejando escapar el aire por los lados.

¿LO HAS ENTENDIDO BIEN?

1 y 2

❏ ¿Qué pasa en Madrid en torno al 15 de mayo?

_____

❏ ¿Hay alguna fiesta parecida en tu ciudad o pueblo?

_____

❏ ¿Le gustan a Lola las fiestas populares? ¿Qué planes tenía ese año para San Isidro?

_____

❏ ¿Cómo es Menorca en mayo?

_____

❏ ¿Qué pasó en la oficina ese 12 de mayo?

_____

❏ ¿Quién era María José Sancho? ¿Qué quería?

_____

3

Completa las frases.

⇨ María José Sancho parecía ....

⇨ Físicamente era ....

⇨ Peñalbina es ....

⇨ En la Asociación de Vecinos del barrio, algunos voluntarios ......

....

⇨ A Humberto Salazar lo buscaba la policía porque ....

....

⇨ El "Tigre" era ....

....

⇨ María José Sancho no sabía dónde ....

....

⇨ Los de la Asociación quieren contratar un detective para que .....

....

4

En este capítulo vas a conocer a algunos miembros de la Asociación de Vecinos.

¿Qué sabes de ellos o cómo crees que son? Escoge los datos correctos de cada una de las fichas.

Elías

— edad: 20 / 30 / 40/ 50 / 60 años
— despúes de la Guerra Civil vivió en: Inglaterra / Francia / Alemania
— carácter: nervioso / tranquilo / agresivo / simpático / comprensivo /....
— es amigo de: Lola / Antonio Sánchez / Humberto / Paco

Félix

— edad: 20 / 30 / 40 / 50
— profesión: detective / estudiante / camarero / empleado de la Asociación
— carácter: apasionado / trabajador / introvertido / pesado / ...

Mohamed

— habla el español: mal/ regular / bien / muy bien
— es: francés / español / marroquí / italiano
— es amigo de: Humberto / Lola Lago / Laura / Antonio Sánchez

5

¿Puedes relacionar estas informaciones con cada personaje?

Lola   Laura

❏   ❏   .... lo estaba pasando mal
❏   ❏   .... preguntó a un camarero
❏   ❏   .... sabía dónde estaba Humberto
❏   ❏   .... sus padres no querían que saliera con un extranjero
❏   ❏   .... guardó la nota
❏   ❏   .... quería ayudarla
❏   ❏   .... le pidió ayuda
❏   ❏   .... la tranquilizó

6

Carmela es la vecina de Lola Lago. Entre estas palabras, elige cuáles van mejor para caracterizarla:

❏ simpática   ❏ nerviosa   ❏ gorda
❏ coqueta   ❏ buena cocinera   ❏ ordenada
❏ alegre   ❏ vieja   ❏ joven
❏ cansada   ❏ comunicativa   ❏ triste

7

En este capítulo conocemos a los socios de Lola Lago. Pero... ¿a cuál de ellos se refiere esta descripción?

Tenía una cita con una mujer que llegaba de América. (¡Ojo!, el otro también). Su compañero no tiene muchos problemas con las chicas. Él, en cambio, es terriblemente tímido. Es guapo, atractivo y alto. Aquel día estaba bastante nervioso por lo de su cita con su prima.

8

En este capítulo Lola habla con Humberto. A ver si sabes hacer un resumen de la conversación. Aquí tienes algunas pistas que te guiarán.

- Humberto ● miedo ● permiso de residencia ● policía
- familia ● Colombia ● problemas ● drogas ● Medellín
- en España ● músico ● conservatorio ● el mismo idioma, pero... ● los amigos del "Tigre" ● una idea ● Carmela ● confiar

9, 10, 11 y 12

Aquel día fue un día muy largo para Lola Lago. ¿Puedes reconstruir lo que hizo y deducir a qué hora hizo cada cosa? En la caja hay algunas pistas.

> ▶ Lola llama a Paulino para pedirle información.
> ▶ Llega a casa de Carmela con Humberto.
> ▶ Lola se viste de skin.
> ▶ Habla otra vez con Paulino.
> ▶ Ve un periódico en el que se habla de Humberto.
> ▶ Se entera de que el "Tigre" y un amigo suyo atracaron una tienda de discos.
> ▶ Va a la Asociación de vecinos.
> ▶ Va otra vez a casa de Carmela.

11h. ....

11'10h. ....

12h. ....

15h. ....

16h. ....

21h. ....

22h. ....

22'30h. ....

13 y 14

En uno de estos dos capítulos encontramos la " clave" de la historia.

¿A ti dónde te parece que está la clave?
¿En el capítulo 13 ó en el 14? ¿Por qué no los relees para comprobarlo?
Una pista: Lola descubre la verdad después de haber invitado a alguien a beber mucha cerveza...

LA CLAVE ES ...

15

Di si son verdaderas o falsas las informaciones siguientes.   **V**   **M**

	V	M
La habitación del "Tigre" estaba vigilada.	☐	☐
El "Tigre" puede hablar.	☐	☐
El "Tigre" puede comunicarse con Lola.	☐	☐
Humberto atacó al "Tigre".	☐	☐
El Inspector Rupérez es muy simpático.	☐	☐
El Inspector no se cree lo que dice Lola.	☐	☐
Para la Policía el culpable es Humberto.	☐	☐

Ya sabemos quién atacó al "Tigre". Pero,,,

❏ ¿Qué necesita ahora Lola? ....
....

❏ ¿Qué tiene que encontrar?..
....

❏ ¿Cómo lo hace? ....
....

❏ ¿Crees que es una buena idea? ....
....

❏ ¿Cómo crees que es Lola? ....
....

18 y 19

Piensa un momento en Andrés, ese chico joven y tímido, que ha ayudado a Lola a resolver el caso.

❏ ¿Por qué crees tú que se ha hecho "cabeza rapada"?
....

❏ ¿Podría suceder una historia como ésta en tu país, en tu ciudad?
....

❏ ¿Qué sería igual o parecido?
....

❏ ¿Qué sería distinto?
....

❏ Si te apetece, ¿por qué no tratas de escribir una historia como ésta en español, adaptándola a tu país?

de 1 a 19

Seguro que de esta historia has obtenido una serie de ideas e imágenes sobre los españoles y la vida en una ciudad como Madrid. ¿Por qué no las pones en orden escribiéndolas?